AF554768

L27n
29059

ALLOCUTION

PRONONCÉE

PAR L'ABBÉ BERTHIER

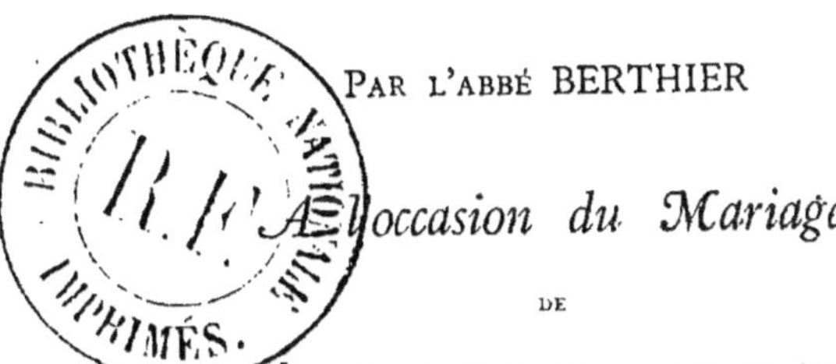

A l'occasion du Mariage

DE

M. PÉTRUS RITTON

AVEC

Mlle STÉPHANIE CHARVET

Célébré dans l'église de St-François

A LYON, LE 15 NOVEMBRE 1875

LYON

IMPRIMERIE MOUGIN-RUSAND

3, Rue Stella,

M DCCC LXXV

CHERS ÉPOUX,

Dieu qui est la bonté même (1) a tout fait par amour. *Il est Charité* (2) ; ainsi s'est-il défini. L'amour est donc sa vie. Cette grande vérité de notre religion n'a pas besoin de développements pour l'intelligente et chrétienne assemblée qui m'écoute ; elle sait que le Dieu que croit et confesse l'Église catholique, et qui est le leur, n'est pas un être solitaire sans mouvement et sans vie, éternellement plongé dans une immuable et stérile contemplation de sa personne et de son moi ; mais que, il règne au sein de la nature divine une éternelle et ravissante *société, où s'épanche sa vie parfaite*, en trois personnes distinctes, se complaisant dans un amoureux et inexprimable embrassement (3).

C'est là, c'est dans cette société première que toute

(1) Judit., 11-6.
(2) Joan., 4-16.
(3) Laforet, *Dogmes catholiques*.

société créée, toute famille prend sa source, et doit trouver à la fois son principe et son modèle.

Aussi, au commencement des temps, lorsque Dieu, après avoir formé le monde, voulut créer la famille, il dit : *Faisons l'homme à notre image et à notre ressemblance* (1). C'était beaucoup dire : l'effet suivit la parole (2).

Ce Dieu bon, ce Dieu d'amour prit un peu de boue, la façonna, et, de ses mains divines, sortit la plus belle œuvre de la création. Mais il n'y avait encore là que de la matière, et *l'image de la ressemblance de Dieu* n'était pas dans cette œuvre.

Alors Dieu souffla dessus ce corps, et la vie divine anima la matière. Et ainsi fait à l'*image* de Dieu, l'homme devint capable de béatitude, de connaissance et d'amour.

Cependant, l'œuvre de Dieu n'était point complète.

La Genèse ajoute : *Alors le Seigneur Dieu dit : Il n'est pas bon que l'homme soit seul ; faisons-lui une compagne, une aide semblable à lui* et aussitôt la femme sortit des mains du créateur.

Puis Dieu bénit l'homme et la femme. Ainsi la première bénédiction nuptiale fut donnée par Dieu lui-même aux premiers fondateurs de la famille.

Et, après les avoir bénis, Dieu leur donna cet ordre : *Croissez et multipliez-vous.*

Enfin, Dieu regarda ce qu'il avait fait, et dit que *tout était bon et très-bon.*

Voilà, M. F., comment Dieu, à l'origine des temps,

(1) Gen., 1-26.

(2) Mgr Dupanloup, *Mariage chrétien.*

constitua et bénit la famille, et l'établit sur des bases indissolubles.

N.-S. J.-C. éleva à la dignité de sacrement cette union bénie ; et c'est ce grand sacrement qui, sous la loi nouvelle, est, mieux qu'autrefois, une *œuvre bonne et une œuvre d'amour*, que vous allez solennellement recevoir aujourd'hui.

J'aurais pu, Mademoiselle, passer sous le silence ces origines augustes de la famille. Pour vous rappeler le but et le caractère providentiel du mariage, il m'eût suffit, je le sais, de faire appel à vos plus doux souvenirs.

Vous avez eu le bonheur, devenu rare à notre époque, d'avoir un père qui s'est toujours montré, au sein de sa famille, le représentant même de Dieu, et le premier ministre de sa puissante et bienfaisante autorité (1) ; une mère, modèle de douceur, de bonté, de respect et de dévouement.

Votre famille est encore, de nos jours, la réalisation heureuse de l'aimable peinture que nous a faite Tertullien de la *vraie* famille chrétienne : « Ils sont deux, mais ils vivent sous un même toit, et n'ont plus qu'un même cœur, une même vie.... Tous deux sont les fidèles disciples de J.-C.... On les voit, tous les deux, prier, adorer ensemble... Ensemble ils s'appliquent à élever saintement leurs enfants, et à les édifier par leur conduite... Ensemble ils partagent les biens et les maux, les consolations et les peines inséparables à la vie présente... Riches, ils savent se créer une vie réglée et des occupations utiles..., secourir les pauvres, consoler les affligés... Et ceux qui les approchent

(1) Mgr Dupanloup, *Mariage chrétien*.

les bénissent tous deux comme les anges tutélaires de la vertu et du malheur. »

C'est ainsi que vos parents demeuraient fidèles aux nobles traditions d'honorabilité et de piété de ceux qui avaient su si *fortement* les élever eux-mêmes.

Et si, maintenant, j'avais à les louer, rempli d'admiration pour ces grandes vertus intégralement transmises de génération en génération dans une famille vraiment patriarcale, je me servirais du langage élevé des livres saints, et je dirais : Entendez, M. F., l'Ecclésiaste faire l'éloge de la *femme forte!*... Le fils se lève avec transport, se presse à l'envi autour de sa mère, admire sa vertu, sa sagesse, sa grandeur, et publie hautement qu'elle est bienheureuse (1).

Les filles de Juda joignent leurs louanges à celles de cette noble famille, et s'écrient : Oui, *votre sagesse et vos vertus*, ô heureuse mère! *méritent seules une louange immortelle.*

Et l'époux, partageant le bonheur et le respect de tous, proclame que son épouse était un trésor digne d'être recherché jusque dans les terres les plus lointaines; car, depuis qu'il est avec elle, *tous les jours de sa vie elle a fait le bien et jamais le mal* (2).

C'est à cette école admirable, Mademoiselle, que vous avez appris, dès l'âge le plus tendre, à connaître, puis à aimer les devoirs sacrés du foyer domestique.

Aussi, ne veux-je point maintenant m'arrêter à louer les brillantes qualités de votre esprit, vos connaissances

(1) Prov., 30-28.
(2) Prov., 31-12.

variées et solides, la haute et large direction donnée à votre éducation complète. Je ne dirai rien, également, de votre tact exquis, de votre goût parfait, de la fermeté et de l'égalité de votre caractère, de la bonté et de la générosité de votre cœur : non, vous n'aurez pas d'autre éloge de moi, aujourd'hui, que celui que l'imposante et sympathique assemblée qui m'écoute a toujours fait de vous :

Elle a été, tous les jours de sa vie, l'enfant très-digne et très-respectueuse d'un père et d'une mère toujours éminemment dignes et souverainement respectables.

Monsieur, voilà dans quelle famille vous avez su choisir la jeune vierge que vous conduisez à cette heure à l'autel. Il y a quelques mois, votre cœur généreux, car c'est le cœur qui est l'architecte de ce sanctuaire auguste qu'on nomme la famille ; votre cœur, dis-je, a senti le besoin d'aimer, de se dévouer, de se sacrifier, de se donner tout entier, à la condition de ne se reprendre jamais (1). Une douce et aimable jeune fille, plus pure, plus digne et plus noble que toutes les autres, l'a frappé, et, saintement ému, ce cœur s'est dit : Voilà la vierge de mon choix ; *oui, j'appartiendrai à elle, à elle seule et pour jamais.*

Tel est le serment de fidélité et d'amour que vous allez lui jurer devant Dieu.

Ce serment solennel, vous saurez le tenir. L'honneur, les plus exquises qualités du cœur, la délicatesse, le dévouement, le sacrifice sont autant de vertus traditionnelles dans votre très-honorable famille.

Heureux père, qui m'écoutez, vous n'en doutez pas, votre fils saura former, comme vos deux autres enfants,

(1) L'abbé Bougaud, *Le Christianisme.*

une nouvelle famille exemplaire, sainte, aimée et respectée de tous.

Et vous, mère bienheureuse, qui, du haut du Ciel, assistez à cette grande et belle fête, réjouissez-vous, et bénissez encore votre fils bien-aimé. Non, rien de ce que vous avez fait pour lui, pendant son enfance, n'a été perdu.

Vous retrouverez un jour et votre époux et vos enfants, la famille agrandie ; et alors, sous une forme plus auguste, et avec une tendresse plus grande, tous achèveront, dans l'immortalité, auprès de vous et au sein de Dieu, un amour mutuel, malgré tout, seulement ébauché sur la terre !

Dieu, que vous venez implorer, va prendre le serment que vous allez faire tous les deux sous sa puissante protection ; il vous accordera la grâce bien précieuse de vous aimer toujours saintement, et de porter dans un cœur mortel un amour qui ne connaisse jamais le poids du temps.

Mais souffrez que je vous le rappelle : la première loi de l'amour, c'est la loi de la marche, du progrès. A partir du premier moment de son existence, l'amour ne peut vivre qu'à la condition de grandir. Il faut qu'il croisse, qu'il monte ; qu'il se fortifie par joies et par souffrances ; qu'il s'approfondisse par son bonheur, et plus sûrement encore, ici-bas, par ses épreuves et ses sacrifices ; en un mot, qu'il marche (1). Le jour où l'amour ne progresse plus, il décroît, et le jour où il décroît, il est mort.

Or, pour que l'amour suive cette loi de progrès, qui

(1) L'abbé Henri Perogoe.

est pour lui une condition essentielle de vie, il faut qu'il repose non pas seulement sur la beauté du corps, qui est éphémère et d'un jour, mais sur la beauté de l'âme, qui est immortelle.

Aussi, écoutez la sublime prière que l'Église va faire pour vous :

O mon Dieu, dira-t-elle, *ouvrez ces âmes à l'éternel amour, en ouvrant leurs yeux à l'éternelle beauté.*

Et alors (je cite afin de donner plus d'autorité à ma pensée), alors le bandeau se déchire, et par-delà cet éclat des traits qui passe si vite, l'œil charmé aperçoit la beauté véritable, une âme créée par Dieu, rachetée par Jésus-Christ, posée un instant sur la terre, et portant déjà, au sanctuaire intérieur, le grand Dieu qui l'a faite pour lui. Qui dira ce qu'un tel regard donne à de jeunes cœurs d'inépuisables aliments ? Qui dira combien il en a protégés contre ces vulgaires écueils où l'amour expire en se disant éternel ? L'âge peut venir, les traits s'altérer, le visage perdre son éclat, mais non pas l'âme, qui grandit chaque jour, dont la beauté semble briller plus vive à mesure qu'on approche de l'éternité (1).

Telle est la première loi de l'amour, et, par conséquent, la loi première et constitutive de la famille. La seconde loi de l'amour, c'est la loi du sacrifice.

Un illustre écrivain a dit : Dans le mariage, il y a autre chose qu'un contrat ; par-dessus tout il y a un sacrifice, ou plutôt il y en a deux. La femme sacrifie ce que Dieu lui a donné d'irréparable, ce qui fait la sollicitude de sa mère, sa première beauté, souvent sa santé, et enfin

(1) L'abbé Bougaud, *Le Christianisme et les temps présents.*

ce pouvoir d'aimer que les femmes n'ont qu'une fois. L'homme, à son tour, sacrifie la liberté de sa jeunesse, ces années incomparables qui ne reviendront plus, ce pouvoir de se dévouer pour celle qu'il aime, qu'on ne trouve qu'au commencement de sa vie, et cet effort d'un premier amour pour lui faire un sort glorieux et doux.

Ce sont deux coupes : dans l'une se trouvent la beauté, la pudeur, l'innocence ; dans l'autre, un amour intact, le dévouement, la consécration immortelle de l'homme à celle qui est plus faible que lui : et il faut que ces deux coupes soient également pleines pour que l'union soit sainte et que le Ciel la bénisse (1).

Vous le voyez, le sacrifice est la seconde loi constitutive de l'amour, et, par conséquent, la seconde loi constitutive de la famille. Vous saurez vous dévouer mutuellement l'un pour l'autre, vous sacrifier. N'avez-vous pas déjà exercé tous les deux, au sein de votre famille, cette noble et généreuse vertu ?

Les grâces du sacrement que vous allez recevoir vous donneront encore à tous deux, pour la vie nouvelle que vous commencez, un surcroît de dévouement, l'esprit chrétien du sacrifice, en un mot, une force invincible pour lutter, avec le secours d'en-haut, contre les misères inséparables à toute existence humaine. Aussi, quelque belle que s'offre aujourd'hui la vie pour vous, ne tremblez pas pour un avenir toujours incertain. Sans doute vous trouverez quelques jours (puissent-ils être éloignés et rares !) dans les âpres sentiers de la vie, des épines, des

(1) Ozanam, *De la Civilisation au Ve siècle,* 14e leçon ; *Les Femmes chrétiennes.*

douleurs; mais elles ne seront jamais au-dessus de votre courage. Une force victorieuse, celle qui vient de Dieu, ne cessera de vous soutenir à la hauteur de tous vos devoirs. La paix, l'union, l'amour habiteront toujours sous votre demeure, et si quelquefois l'épreuve la visite, la grâce de Dieu y sera aussi pour vous soutenir.

Laissez donc sans crainte, maintenant, vos cœurs se livrer à la joie et à l'espérance; les vœux les plus sincères, les prières les plus ardentes de vos nombreux amis et de vos honorables familles vont monter pour vous au Ciel.

O Dieu! qui avez consacré l'union des époux par un mystère si excellent, que leur alliance représente l'union sacrée de Jésus-Christ avec l'Eglise! O Dieu! par qui la femme est unie à l'homme, vous qui avez donné à cette société, la plus essentielle de toutes, une bénédiction d'un tel caractère, que ni la punition du péché originel, ni le châtiment du genre humain par le déluge, n'ont pu la détruire! O Dieu! qui tenez seul en vos mains tous les cœurs, vous dont la Providence connaît et gouverne puissamment toutes choses, en sorte que nul ne peut séparer ce que vous unissez, ni rendre malheureux ce que vous bénissez, *unissez, nous vous en conjurons, unissez les âmes de ces époux, qui sont vos serviteurs; inspirez à leur cœur une sincère et mutuelle affection, afin qu'ils ne fassent plus qu'un en vous,* ainsi que vous êtes un, vous le seul Dieu véritable et le seul tout-puissant. Ainsi soit-il (1).

(1) *Prières lithurgiques du mariage.*

Lyon. — Imp. Mougin-Rusand.

23[illegible]

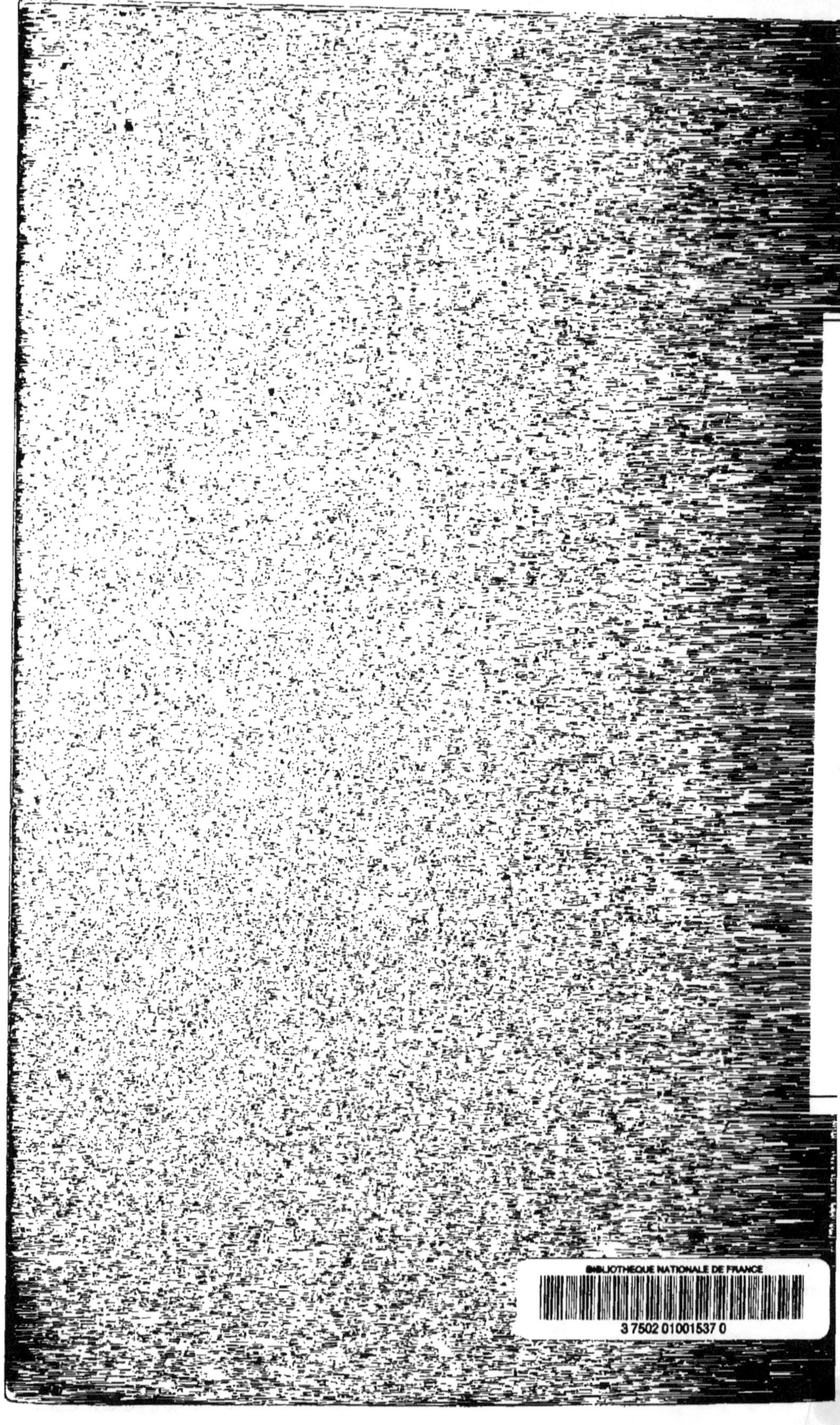

www.ingramcontent.com/pod-product-compliance
Lightning Source LLC
LaVergne TN
LVHW020501230826
846091LV00008BA/3312

* 9 7 8 2 0 1 3 6 1 8 5 2 6 *